AF309587

LA RÉVOLUTION

DE

FÉVRIER

POÈME

PAR

Victor CHARLES.

PARIS

LIBRAIRIE PAGNERRE, RUE DE SEINE, 14 bis.

Décembre 1849.

LA RÉVOLUTION

DE FÉVRIER

POËME

PREMIÈRE PARTIE.

Paris. — Imprimerie Bonaventure et Ducessois
55, quai des Grands-Augustins.

LA RÉVOLUTION

DE

FÉVRIER

POÈME

PAR

Victor CHARLES.

PARIS

LIBRAIRIE PAGNERRE

Rue de Seine, 14 bis.

1849

PRÉFACE

Chanter la révolution qui s'accomplit en France, mettre en relief dans un poëme ce grand événement, tel est mon but. En abordant un pareil sujet, je crois devoir exposer brièvement la pensée qui préside à mon travail.

Je n'ai point devancé de mes vœux la République ; mais une fois proclamée, je l'ai acceptée avec franchise, avec sincérité. J'ai vu à l'œuvre les fondateurs de ce nouvel ordre de choses; leur courage a excité mon enthousiasme. Aujourd'hui ils sont tombés, et, je le dis hautement, l'admira-

tion qu'ils m'ont inspirée n'a pas subi le même
sort. Sans doute des fautes ont été commises, des
concessions fatales ont été faites; mais lorsqu'un
vaisseau, battu par la tempête, près de sombrer,
arrive enfin au port, peut-on reprocher à l'équi-
page d'avoir jeté à la mer une partie de la car-
gaison ?

Maintenant, il est facile de reprendre les hommes
qui ont dirigé au milieu des abîmes les premiers
pas de la République ; il est facile de faire un plan
postiche de Gouvernement provisoire qui réunisse
toutes les perfections imaginables ; l'ouragan s'a-
paise, le ciel redevient clément, et puis enfin (chose
bonne à noter!) une armée formidable veille. Certes,
lorsqu'on sent devant soi cent mille baïonnettes,
on a beaucoup de cœur, beaucoup d'audace. Pourquoi ces reproches, ces conseils, ont-ils le malheur
d'arriver si tard? Tout le monde sait pourtant que
le gouvernement de Février était abordable : les
portes de l'Hôtel-de-Ville étaient toujours ouvertes ;
entrait qui voulait. Mais dans ces jours mémorables
le palais des révolutions était encombré de soumis-
sions, de dévouements, de courbettes, de bénédic-
tions. Tous voulaient saluer le Gouvernement-

Messie, et on venait de bien loin pour l'adorer,
pour lui offrir de la myrrhe et de l'encens. Ceux
qui, après coup, se montrent si impitoyables dans
le blâme, si altiers dans le conseil, devraient se
souvenir qu'alors..... Mais rien n'est plus terrible
que la réaction de la peur.

Quant à moi, j'ai conservé mon admiration première pour ces quelques hommes qui, sans armée,
sans argent, sans administration, ont contenu la
plus formidable des révolutions ! Ce n'est pas
cependant que j'approuve tout; non. Des doctrines
monstrueuses ont profité de l'ébranlement uni-
versel pour s'installer au grand jour, deux ou trois
hommes de ce gouvernement populaire les ont
patronnées; oh! ces doctrines, je les flétris; ces
hommes, je les combats. — Telle est ma pensée,
tel est mon point de départ.

Maintenant, un mot sur la forme et le fond de
mon travail.

Je n'ai pas voulu faire, à proprement parler,
un poëme épique; je me suis affranchi de bien
des règles; ainsi : l'éternelle invocation, l'ex-
position méthodique du sujet, l'alexandrin aux
pieds de plomb, toutes ces choses ont été négli-

gées par moi. Mon œuvre est plutôt un poëme ly-
rique qu'un poëme épique.

Voici le canevas des chants que je me propose
de publier :

Au premier chant, la royauté tombe avec des
larmes, la république se lève avec des espérances.

Au deuxième, la France, effrayée, s'abrite der-
rière un seul homme, Lamartine : avec lui, elle
triomphe du drapeau rouge et de l'échafaud ; avec
lui, elle envoie aux nations étrangères une parole
digne et fraternelle.

Au troisième, la démagogie, vaincue à l'Hôtel-
de-Ville, se réfugie dans le noble palais de Médicis
et y prépare la guerre civile.

Au quatrième, le peuple, plein de jeunesse et de
vie, s'incarne dans la Constituante.

Au cinquième, les étranges et folles doctrines du
socialisme portent leurs fruits : *mai* et *juin*.

Au sixième, c'est le Dix Décembre, et la France
se rallie autour d'un grand souvenir.

Au septième..... Je ne sais quel il sera. Les évé-
nements ne manqueront pas ; mais pourquoi m'en-
gager aussi loin ! personne peut-être ne voudra me
suivre.

Comme on le voit, dans mon œuvre deux principes se combattent perpétuellement : l'ordre et l'anarchie, la société et la barbarie, la vie et la mort. En fin de compte, j'aurai terminé lorsque l'avenir apparaîtra stable et serein.

CHANT I

CHANT I

23 ET 24 FÉVRIER

LES BANQUETS. — LE SOCIALISME.

Des insensés criaient : « Mais la France est muette,
  « Le pays n'est pas agité.
« Qu'importe à son bonheur qu'à Paris on banquette,
  « A l'aise, en pleine liberté !

«— Réformer, dites-vous, est le but uniforme
  «De vos excentriques dîners ? —

« Mais, aveugles, d'abord mettez à la réforme
        « Vos cris, vos discours avinés.

« Oh ! vous voulez flétrir du milieu de vos tables
        « Le vil troupeau des corrompus !
« Intrépides mangeurs, vous êtes adorables !
        « Quoi ! mais n'êtes-vous pas repus ?

« Non. Vous vous cotisez pour tendre les oreilles
        « Aux harangues d'un puritain..... »

Ah ! trêve à vos banquets !... Vos figures vermeilles,
        Messieurs, seront pâles demain !

Voici que des rumeurs immenses, formidables,
        S'élèvent, s'élèvent toujours !
De la grande cité les foules innombrables
        S'ébranlent dans tous les faubourgs.

Du sein de ces clameurs une voix rauque, étrange,

S'élance en éclats dans les airs.
Et de haine, et d'amour, ignoble, affreux mélange,
Cette voix monte des enfers.

Elle dit : « Peuple, vois au milieu de la brume,
    « Cette vacillante clarté.
« Regarde, c'est un astre, un soleil qui s'allume,
« C'est l'aube du bonheur et de l'égalité.
« Un peu de temps encor supporte l'insolence
    « Du riche et de l'ambitieux.
« Peuple, sois patient et fais-toi violence,
    « La justice descend des cieux !

« Les temps sont accomplis !... Le festin de la vie
    « Pour le pauvre enfin va s'ouvrir.
« Sous le faix du travail sa pensée asservie,
« Bientôt, libre, au soleil, va doucement fleurir.
« Le riche assez longtemps sur l'arbre prolétaire
    « A greffé son oisiveté.
« On ne connaîtra plus l'homme-propriétaire,
    « Tous vivront en communauté !

« O frères, portez donc le poids de la misère :
          « L'hiver ne dure pas toujours ;
« Vous ne ramperez point sans cesse sur la terre ;
« Attendez, et l'été viendra plein de beaux jours !
« Espérez, puis aimez : l'espoir est la rosée
—   « Qui rafraîchit le voyageur ;
« Et l'amour nous rend forts, toute chose est aisée
          « Quand nous n'avons tous qu'un seul cœur ! »

CHUTE DE LA ROYAUTÉ.

Des hérauts proclamaient la chute des ministres.
On avait mis enfin Philippe à la raison,
Paris illuminait.—Soudain, des cris sinistres
Retentissent au loin : « Aux armes ! trahison !

« Aux armes, citoyens ! on massacre nos frères ! »
Et sur un vaste char, s'avançant à pas lents,
Aux lueurs des flambeaux, les masses populaires
Par la ville traînaient des cadavres sanglants.
Ce lugubre convoi mené dans les ténèbres
Jusqu'au fond des faubourgs, escorté de clameurs
Et de sombres récits pleins d'images funèbres ,
Met les armes aux mains et la vengeance aux cœurs !
—Tout-à-coup le tocsin gronde, la barricade
Se dresse !—Le jour vient : quelques faibles combats,
Quelques heures de feu, d'ardente fusillade,
Et plus rien !... Royauté, Régence sont à bas !

Encore une chute fatale
Qui remet la France en péril !
Encore une race royale
Qui prend le chemin de l'exil !
Jamais les rois ne veulent croire
Que Dieu déroule dans l'histoire

Ses arrêts pour les prévenir.
Sa loi cependant est commune :
Même faute, même infortune,
Même passé, même avenir !

Ce roi, qui tomba sans défense
Devant l'émeute du mépris,
Avait fait prospérer la France,
Avait fait resplendir Paris.
Sous lui, grande était la patrie
Par le travail et l'industrie,
Par le commerce et les beaux-arts !
Sous lui, comme une mer immense,
Et la richesse et l'opulence
Montaient à flots de toutes parts !

Il réhabilite l'Empire
Et ses sublimes monuments.
Du grand homme, au peuple en délire,
Il rend les pieux ossements,
Puis, sa main de nos basiliques
Raffermit les voûtes antiques

Menaçantes de vétusté.
Il change Versaille en Musée,
Et place dans cet Élisée
La gloire, l'immortalité!

Qui, de la vaste capitale,
Suspend les ponts, étend les quais,
Achève l'arche triomphale,
Et ces temples, et ces palais ?
Qui, sur la place expiatoire,
Erige, assises dans leur gloire,
Nos belles, nos grandes cités ?
Qui couvre Paris de murailles,
Et contre le sort des batailles
Met à l'abri nos libertés ?

C'est lui! toujours lui! tout proclame
Son nom! Et nous l'avons chassé
Comme on chasse un valet infâme
Lorsqu'il vous a dévalisé!
Hélas! quelle était donc sa faute?
—Il voulait avoir la main haute

Dans les affaires de l'État.
Il voulait rester immobile;
Il croyait la réforme hostile
Et grosse de quelque attentat. —

Cet amour du pouvoir s'excuse;
Les grands hommes en sont pétris.
Mais ce qui hautement t'accuse,
O roi! c'est l'honneur du pays.
Dès les premiers jours, à la France
Tu ravis la sainte espérance
De briser d'iniques traités.
Ces monuments de nos défaites,
Elevés sous les baïonnettes,
Par tes mains furent cimentés!

Lorsque germaient dans nos entrailles
D'autres Klébers, d'autres Marceaux;
Lorsque nous rêvions de batailles,
D'Austerlitz, de Wagrams nouveaux;
Lorsque notre superbe armée,
D'exploits et de gloire affamée,

Déjà s'élançait sur le Rhin ;
Lorsque l'ardente Marseillaise
Allait, comme en Quatre-vingt-treize,
Nous faire des soldats d'airain ;

Tu disais : « Tu parais trop fière,
« France, envers tes bons alliés.
« Attends donc que sur ta frontière
« Ils viennent mettre au moins les pieds.
« Alors la guerre sera juste,
« Elle sera sacrée, auguste ;
« Alors tu pourras te lever ! »
Quoi ! tu nous concédais la gloire
De remporter une victoire !
Une seule, pour nous sauver !

Dans les congrès diplomatiques,
Aussi, tu ne trouvais qu'affronts,
Et toujours tes notes-suppliques
Marchaient au lieu de bataillons.
L'Égypte, à l'état d'affranchie,
Secoue un jour de la Turquie

Le patronage désastreux :
Tu lui promettais assistance,
Dans les combats elle s'élance
Et ses destins tournent heureux.

La peur te prend, tu la délaisses ;
A son maître elle fait retour.
Devant l'Europe tu t'abaisses
Et tu te fais humble à ton tour.
Puis, sur une plage lointaine,
Une toute petite reine
Vivait sous ta protection ;
Certain ministre-apothicaire,
Digne envoyé de l'Angleterre,
Lui souffle la rébellion.

—Sur toutes les mers, de la France
Le drapeau flottait radieux.
Partout brillaient notre puissance
Et ses souvenirs glorieux.—
Dupetit-Thouars, trop fidèle
A son pays, sous ta tutelle

Remet cette reine-avorton :
Et voilà qu'on le désavoue,
Qu'Adonis-Pritchard, dans la boue,
Promène notre pavillon !

Mais silence ! car de la plume
Le vers jaillit plein d'âpreté.
Quand l'indignation s'allume,
Le malheur n'est plus respecté.
N'ajoutons pas à l'infortune.
Beaucoup trop la basse rancune
A poursuivi ce roi déchu.
Verser des pleurs sur les misères
Et le calme sur les colères,
Ce lot, au poëte est échu.

Aussi, moi j'ai pleuré, je pleure
Sur ce vieillard découronné
Qui voit venir sa dernière heure,
Dans l'exil, seul, abandonné.
Et j'ai plaint de toute mon ame
Cette suave et sainte femme

Qui fut reine par ses bienfaits.
Elle était l'ange de l'aumône :
Le pauvre, quand on la détrône,
Lui, l'exalte dans ses regrets !

A l'aspect de la jeune veuve
Qui, succombant, d'un peu de cœur
Toute seule sait faire preuve,
Je me sens navré de douleur :
Des rois la cause était perdue ;
Dans la Chambre inerte, éperdue,
Le peuple entrait en souverain.
Devant ce redoutable maître
La veuve en pleurs ose apparaître, .
Tenant l'enfant-roi par la main !

C'est bien, noble femme ! L'histoire,
Comme toi, répandra des pleurs ;
Car tu sus descendre avec gloire,
Tu sus relever tes malheurs !
Surtout observe ton veuvage,
Que la pudeur jointe au courage

Rayonne sur ton avenir.
A ton deuil n'apporte aucun terme,
Sublime est l'âme qui s'enferme
Dans un conjugal souvenir !

LA RÉPUBLIQUE.

Mais le soir reparaît, et toutes les croisées
S'illuminent encore et montent embrasées
Jusqu'au faîte des toits, jusqu'au pauvre réduit !
Oh ! Paris n'eut jamais plus magique auréole ;
Splendide, s'étendait sa céleste coupole
  Dans les ombres de la nuit !

C'était le premier jour de la démocratie !
Paris avait chassé toute une dynastie,
Il pouvait se couvrir d'illuminations !

Il pouvait être fier ! Par lui la République,
Comme un aigle puissant, s'élevait magnifique
        Au-dessus des nations !

O glorieux Paris, cité toujours féconde,
Tu portes dans tes flancs les libertés du monde,
Et de ton sein jaillit l'immense humanité !
Tous les peuples vers toi se tournent et palpitent,
Comme vers le soleil tous les astres gravitent,
        Pendus sur l'immensité !

Oh ! préserve surtout ton enceinte affranchie
De la lâche terreur, de la sombre anarchie !
Ne va pas exhumer un terrible passé !
On n'accomplit jamais le progrès par le crime.
Ouvre donc l'avenir par ce décret sublime :
        L'échafaud est renversé !

CHANT II

CHANT II

LAMARTINE

LE DRAPEAU ROUGE.

Aux portes de l'Hôtel-de-Ville
La foule en armes mugissait.
Sa parole ardente et fébrile
Hautement déjà menaçait.
Au sein de la vaste tempête,
Des vainqueurs présentent requête
En faveur du drapeau sanglant.
Il faut, pour plaire au prolétaire,

Choisir le rouge égalitaire,
Prendre un symbole nivelant.

Mais le peuple assiége la porte ;
Elle cède, il entre irrité.
Les Onze n'ont pour toute escorte
Qu'un peu de popularité.
C'en est fait ! Personne ne bouge !
On arbore le drapeau rouge
Au bruit des acclamations !
O France ! ton heure dernière
Sonne ; tu rentres dans l'ornière
Des sombres révolutions !

Un homme accourt... C'est Lamartine !
—Non, tout espoir n'est pas perdu !—
Des fusils cherchent sa poitrine,
Sur la mort il est suspendu.
Les bras croisés, l'œil énergique,
Bravant la clameur frénétique,
Il impose silence à tous.
Son courage dompte le crime.

Il parle!... c'est beau! c'est sublime!
La foule n'a plus de courroux!

Soudain, le drapeau tricolore
Relève ses nobles couleurs.
Le peuple le presse et l'arbore
Avec amour, avec des pleurs.
Oh! ce peuple était en délire.
Mais la République et l'Empire
De gloire ont couvert ce drapeau!
Mais il a fait le tour du monde!
Et l'on veut qu'un chiffon immonde
Remplace un insigne aussi beau!

Mais c'est le drapeau de nos pères!
Ses preuves sont partout ; vingt ans
De luttes, de combats prospères,
Brillent dans ses plis triomphants!
Quel est donc l'immense prestige
Du drapeau rouge qu'on érige,
Qu'on impose à coups de fusils!
Sans doute ce digne symbole

A flotté sur le pont d'Arcole
Et sous le soleil d'Austerlitz ?

Non. Jamais il n'a de la gloire
Été le signe avant-coureur.
Il n'apparaît dans notre histoire
Qu'aux jours néfastes de terreur.
Toujours, quand l'émeute fatale
Gronde au sein de la capitale,
Il est là, sombre, menaçant.
Que l'Europe sur nous s'avance,
Qui donc assemblera la France
Sous un drapeau teint de son sang ?

Arrière cet emblème infâme
Qui préside à tous nos discords !
Drapeau d'Arcole, autre oriflamme,
A toi nos saluts, nos transports !
Honneur à l'homme magnanime,
Dont la voix puissante et sublime
Redit ton passé glorieux !
Des fleurs, des couronnes civiques,

Des marbres, des fêtes publiques,
Au citoyen digne des dieux !

LA GARDE MOBILE. — L'ÉCHAFAUD POLITIQUE.

Hélas ! qu'avons-nous fait? Dans les temps où nous sommes
Les peuples envieux jalousent leurs grands hommes ;
Ils aiment mieux briser qu'élever des autels.
O Lamartine ! Attends : dans l'ombre de l'histoire,
Vois-tu, pure et sereine, apparaître ta gloire ?
Vois-tu là-bas grandir tes lauriers immortels?

Poursuis ta vaste tâche ! Un jour ton éloquence
A pu, par sa splendeur, par sa magnificence,
Arrêter dans sa fougue un peuple furieux ;
Mais il faut des soldats, car la guerre civile
S'avance... Un décret sort, et la garde mobile
Est debout, l'arme au bras. Malheur aux factieux !

—Oh ! ce sont des enfants, ce n'est qu'une espérance.
—Ces enfants sauveront et Paris et la France !
Les petits se font grands à l'heure du danger.
Nus, sans pain, ils étaient hier une menace
Pour la société. Le drapeau les déplace :
Au lieu de nous combattre, ils vont nous protéger.

Oh ! de la discipline admirable puissance !
Au commandement, naît soudain l'obéissance.
Le soldat dans les rangs à son chef appartien.
Mais pour qui marche-t-il ? il l'ignore. Qu'importe !
C'est l'honneur du drapeau qui le guide et l'emporte.
D'abord il est soldat, ensuite citoyen.

Et ces nobles enfants suivront la discipline,
Ils marcheront ! — Allons, outrageons Lamartine !
—Nul n'avait trop de voix jadis pour le bénir.
—Cet homme-là, dit on, ce n'est qu'un grand poëte.
—Mais il nous a sauvés !... Des dieux qui s'inquiète
Quand il voit l'Océan tomber et s'aplanir,

Tyrtée élati poëte, et Sparte la guerrière

Le suivait au combat. Dans la lutte meurtrière
Ses accents enfantaient d'héroïques exploits.
La ville de Pallas, la reine de la Grèce,
Athènes, à Solon conférait la sagesse ;
Les Muses lui dictaient pourtant ses douces lois.

Lorsqu'un peuple s'élance au milieu de l'espace
Et sous des cieux nouveaux convoite une autre place,
Lorsqu'il aspire l'air des révolutions,
Il doit choisir un homme au céleste génie,
Pour le maintenir haut dans la voûte infinie,
Pour suivre, pour fixer ses oscillations.

Nous l'avons bien choisi. — Jadis la République
Était grande d'élan, d'amour patriotique ;
Mais toujours l'échafaud se dressait menaçant.
Alors marchaient de pair les vertus et les crimes ;
A côté des héros s'avançaient des victimes.
La France avait au front des lauriers et du sang.

Aussi la République imprimait l'épouvante.

De son linceul à peine elle surgit vivante,
Et déjà partout plane un silence de mort ;
Déjà l'oisiveté rend le peuple farouche,
Il jette sur le riche un regard sombre et louche ;
Il veut jouir enfin. N'est-il pas le plus fort !

Les prisons vont s'emplir. Là-bas, Fouquier-Tainville
Se met à l'œuvre. Il dit, et par la grande ville
S'avance lentement le fatal tombereau.
Les Hébert, les Marat, pleins de sang et de fange,
Chaque jour des suspects grossissent la phalange.
Tout bon patriote est recruteur du bourreau.

Du sein de cette affreuse et vaste boucherie
S'échappe un chant divin : « *Mourir pour la patrie*
« *Est le sort le plus beau !...* » Salut aux Girondins !
De nouveau la vertu monte à la guillotine !
Quels crimes ! quels forfaits ! Ah ! non, non ! Lamartine
Vers un autre avenir a poussé nos destins !

A l'heure, à l'heure même où naît la République

S'écroule pour toujours l'échafaud politique.
Un seul instant suffit au plus saint des progrès.
La Révolution ouvre une ère nouvelle ;
Elle tend aux vaincus une main fraternelle,
Et laisse en paix couler leurs pleurs et leurs regrets.

Nos pères ont vécu dans les sombres tempêtes.
Le jour, la nuit, la foudre éclatait sur leurs têtes ;
Mais pour nous l'horizon se fait doux et vermeil.
Sur le passé brillait un astre incendiaire,
Sur le présent rayonne un flambeau tutélaire ;
La comète s'éteint, et voilà le soleil !

LE MANIFESTE A L'EUROPE.

Notre première République
Voulait tuer la royauté,

Et sur l'Europe despotique
Faire fleurir la liberté.
Donc la guerre. Quatre-vingt-treize,
Déjà, vers la terre française
N'attirait que trop l'étranger :
Lyon s'insurgeait, la Vendée
Dans son sang baignait inondée.
La patrie était en danger.

Malgré nous, nous devions combattre,
Combattre au dedans, au dehors.
Hélas! il fallait tout abattre ;
C'était notre destin alors.
Un peuple au penchant de l'abîme
Se cramponne à tout, même au crime,
Pour vivre, pour rester debout.
Lorsqu'un volcan de son cratère
Jaillit, malheur au téméraire
Qui touche la lave qui bout !

La France n'est plus en délire,
Elle offre à tous sécurité ;

La tunique de Déjanire
Ne couvre plus la Liberté.
La Justice n'est plus vassale
Du privilége, elle est égale ;
Pauvre et riche ont les mêmes droits.
L'État souffre avec la souffrance,
Et la fraternelle assistance
Verse son baume sur nos lois.

Toute réforme est accomplie.
Nous aspirons après la paix ;
Mais il nous la faut embellie,
Pleine d'honneur, pleine d'attraits.
La paix, cette douce déesse,
Dans ses flancs porte la richesse
Tant qu'elle a noble chasteté.
Si la honte, si la souillure,
L'ont flétrie et rendue impure,
Elle enfante la pauvreté.

Veuve de soldats, ruinée,
Jadis la grande nation

Fut réduite et découronnée
Par le fer de l'invasion ;
Deux fois, notre aigle impériale
Ouvrit son aile triomphale
Et voulut regagner les cieux ;
Mais à mort elle était frappée.
Alors la France, sous l'épée,
Subit des traités odieux.

Ah ! ces traités, elle les brise !
Pris, captif, le roi des forêts
Attend-il donc qu'on l'autorise,
Pour rompre ses ignobles rêts ?
Ce n'est pas que la France affronte
L'Europe ; non. Mais de la honte
Elle s'affranchit ; rien de plus.
Elle reste dans sa frontière,
Et ne court pas partout, altière,
Provoquer les rois absolus.

De la Discorde par le monde
Pourquoi promener le flambeau ?

La guerre est toujours inféconde,
Des progrès elle est le tombeau.
Quand notre esprit, notre pensée,
Semblable à la nue embrasée
Qui marchait devant Israel,
A tous les peuples sert de guide,
Aux batailles, au sort stupide
Est-il besoin de faire appel ?

Pourtant, si vaincue, écrasée,
Quelque part une nation,
Digne de sa gloire passée,
Éclate en insurrection ;
Si, reniant sa décadence,
Elle marche à l'indépendance
A travers le feu des combats ;
Si, dans ses villes, ses campagnes,
Sur ses collines, ses montagnes,
Surgissent partout des soldats ;

La France sera là ! Défendre
Toute nationalité

Qui veut retrouver et reprendre
Son nom, son rang, sa liberté,
C'est sa tâche sainte et sublime.
Toujours le peuple qu'on opprime
Devient soudain notre allié.
Est-ce que le chêne robuste
Ne doit pas protéger l'arbuste
Que les noirs autans ont plié ?

O Pologne, ô nouvelle France,
Souviens-toi de Kosciusko !
Que ton cœur s'ouvre à l'espérance,
Car Dieu n'est pas toujours trop haut.
De même que ce divin maître,
Pour te relever, pour renaître,
Tu dois expirer sur la croix.
Mais vois-tu... La terre palpite...
Ah ! la Pologne ressuscite !
Tous les tyrans sont aux abois.

Allons, l'Italie est en armes !
Quel saint, quel magnifique élan !

Rapide, le tocsin d'alarmes
Bondit de Messine à Milan.
Rome, la ville aux sept collines,
S'agite au fond de ses ruines,
Au fond de ses froids monuments.
Oh ! c'est qu'un grand pape, un grand homme
Souffle sur la cendre de Rome,
Et ranime ses ossements.

Enfants de l'antique Ausonie,
Mettez en commun vos efforts ;
Pour surmonter la tyrannie,
Il faut déposer vos discords.
Quand tout un peuple en face affronte
Ses tyrans, honte, trois fois honte,
A qui le divise. — C'est bien,
Mazzini, ton ardeur éclate ;
Mais avant d'être démocrate,
Tu devrais être Italien !

Hélas ! d'innombrables barbares
Surgissent au milieu de nous.

Ils rôdent autour de nos lares,
Avec l'avidité des loups.
Meurs sans secours, pauvre Italie,
Nous devons refouler la lie
Qui monte sur l'humanité.
La France te reste fidèle,
Mais ses soldats luttent chez elle
Pour sauver la société!

Un homme, un homme seul, par sa voix, par sa plume,
A vaincu l'anarchie, a relevé la paix,
Et nous l'avons, hélas! abreuvé d'amertume.
La haine et le mépris ont payé ses bienfaits.
Des grands hommes vraiment les destins sont étranges,
Car on ne rend jamais honneur qu'à leurs tombeaux!

Toute gloire naissante est couverte de langes,
Et le temps seulement peut les mettre en lambeaux.